Édition : BoD – Books on Demand,
12/14 rond-point des Champs-Élysées, 75008 Paris
Impression : BoD - Books on Demand, Norderstedt, Allemagne
ISBN: 9782322203697
Dépôt légal : Janvier 2022

Deuxième édition

Publiée chez BOD en 2020

TEXTE	Cyrille Vollet
ILLUSTRATIONS	Susan Kanas, André Kanas
CORRECTIONS	Catherine Baudet
	Marie-Anne Meyer Molnar
	Léna Badin
GRAPHISME	Emmanuel Kormann

Cyrille Vollet

Trente poèmes en vers libres
SUR LE MARCHÉ

PRÉFACE

J'ai commencé à vendre mon premier roman sur les marchés en novembre 2018. Cette expérience a été (et continue à être) riche en rebondissements, en rencontres, en moments improbables. Bien souvent, les gens sont poétiques sans même s'en rendre compte. C'est ce que j'ai essayé de retranscrire ici.

Je profite de cette préface pour remercier tout particulièrement Susan qui m'a permis d'utiliser ses dessins. Également, je dois mentionner Vincent le bouquiniste, qui a été le premier à m'accueillir sur le marché de Saint-Cyprien. Il m'a ouvert les portes de son stand alors qu'on ne se connaissait pas. Merci pour la main tendue, je ne l'oublierai pas.

Un mot à propos de Carine (que j'ai rencontrée sur le stand de Vincent, justement). Carine m'a soutenu de mille façons et je ne pourrai jamais assez la remercier.

Plus généralement, ma gratitude va à tous ceux qui m'ont apporté leur aide : graphistes, correcteurs, revendeurs. Et bien sûr, tous les lecteurs et les lectrices que j'ai rencontrés sur les marchés (ou ailleurs) et qui m'ont nourri par leur enthousiasme.

Ce livre est dédié à Pedro pour sa générosité, son courage et son excentricité.

SUR LE MARCHÉ DE SAINTE-ALVÈRE

Aujourd'hui
Une gamine s'est foutue de ma gueule
Ça s'est passé très rapidement

Mon ami Pedro avait accosté des passants
En disant
« Regardez ce jeune homme
C'est un poète
Il a écrit son roman en une seule nuit
C'est quelqu'un de très talentueux
Mais voilà
Son problème
C'est qu'il est timide… »

Là-dessus
La petite fille s'est mise à rire
Cachée derrière ses parents
Elle ne voulait pas croire qu'une grande personne soit timide
Et quand elle a vu que c'était vrai
Elle s'est avancée vers moi
Et s'est esclaffée
« Ouh, le timide ! »

Ses parents ont fini par m'acheter un livre
Par pitié sans doute

*
**

FIN DE MARCHÉ

On était en train de ranger des centaines de bouquins
Dans le camion de Vincent
Carine était là aussi
Elle disait qu'elle ne comprenait pas la poésie
J'ai tenté d'expliquer ce que c'était pour moi

Et puis Vincent
Qui était dans le camion
À ranger les livres
À moitié saoul
Il a crié
« Vous parlez de quoi là ? »
J'ai répondu
« On parle de poésie
Carine elle comprend pas ce que c'est… »
Alors
Du fond de son camion
Vincent a lancé
« La poésie c'est le langage de l'âme »

DIMANCHE PLUVIEUX AVEC MAX

Il y avait beaucoup de vent ce jour-là
Tellement de vent que le marché était vide
J'étais dehors dans la traverse
À distribuer des prospectus mouillés
À rigoler tout seul
En pensant à cette situation absurde
Dans laquelle je me trouvais

Max est venu me voir

Il restait là
Dans le froid
Par solidarité
Par amitié
On discutait
Et puis on est rentrés dans le café
Au chaud

Il m'a raconté qu'il avait un rêve
Jouer au foot dans un club professionnel
Il est parti du Sénégal
Ça lui a coûté 4000 euros
À lui et toute sa famille
Et son meilleur ami a vendu sa voiture
Pour l'aider à partir

En France son agent l'a lâché
Il a dormi dans la rue
Il y avait des jours où il ne mangeait pas
En quelques mois
Il a connu toutes sortes de situations difficiles
Beaucoup de gens l'ont aidé
Et maintenant il est là
En face de moi
Pas un seul moment il n'a douté de son talent

J'ai vu dans son regard
Quelque chose qu'on voit rarement
La flamme
La détermination et la folie
Devant l'immense vague de la réalité
Devant l'immense vague du rêve

Dehors le vent soufflait
Et la pluie tombait
Mais la flamme ne baissait pas
Pas un seul instant

L'ENFANT SAUVAGE

Au marché de Belvès
En plein été
J'ai vu un couple de touristes avec un enfant en laisse
Le harnais autour du torse
Le père tenait fermement le gosse
Il tirait sur la corde

On s'est regardé avec un camelot qui vend des couteaux
On a hésité
Est-ce qu'il faut dire quelque chose ?

Je me souviendrai toujours de l'expression du père
À bout de patience et agressif
Et l'enfant
Presque sauvage
Dans la foule
Comme un chien

*
**

LE CHIEN ENCHAÎNÉ

Sur le marché de Saint-Cyprien
Il y avait un chien dont je ne connais pas la race
Le même que celui de Télé Z
Bas
Costaud
Avec des babines qui pendent de tous les côtés
Il était surexcité
Sa maîtresse le tenait avec une chaîne autour du cou
Elle le frappait à coup de chaîne
Pour qu'il se tienne tranquille
Et le chien remuait la queue
Sous la pluie de coups
Il adoptait une attitude sympathique
En attendant que la tempête passe
Sans comprendre pourquoi il se faisait frapper

Peut-être se disait-il
En son for intérieur
Qu'il y a certaines personnes qui ont besoin de se défouler
Sur des chiens tenus en chaîne
Et que ces personnes-là ont le droit
Comme tout le monde
D'avoir un peu de sympathie

Ou alors…
Peut-être que ce chien acceptait son sort d'esclave
En utilisant l'amour pour s'en sortir

DIX-NEUF ANS

Elle travaille au stand d'à côté
Elle me parle des Gilets Jaunes
Il se trouve qu'elle en fait partie

Elle a vu des flics menacer des civils

Elle a vu des flics matraquer un médecin
Parce qu'il soignait un Gilet Jaune

Elle me parle des grenades lacrymogènes
Des blessures
Des injures
Des encerclements
Des ordres de tuer
Des flics déguisés en casseurs

Elle n'arrête pas de répéter
« Les gens ne savent pas ce qui se passe… »

Cette jeune femme a dix-neuf ans
Et elle a peur pour son avenir

Je ne sais pas quoi lui dire
Moi je n'ai pas le courage de me battre
Comme elle le fait
Je n'ai pas même le droit de parler
Au nom de sa cause
Mais ce qu'elle m'a dit m'a marqué
Et il fallait que je l'écrive

LA DÉESSE AUX PIEDS NUS

Avec Vincent le bouquiniste
On l'appelait la déesse aux pieds nus
Elle avait les cheveux courts
Très courts
On lui voyait le crâne
Un beau visage rond et souriant
Le regard limpide et trouble
Des gens qui ont souffert
Et qui cherchent maintenant la paix

Elle passait pieds nus
Et Vincent la trouvait belle
Il lui a écrit un poème
Et tous les dimanches
On l'attendait
Pour lui donner le poème
Mais elle ne venait plus

Tous les dimanches
On se demandait
Si elle le faisait pas exprès
Si elle se foutait pas un peu de nous
La déesse…
Et quand on a perdu espoir
Elle est apparue

Je lui ai donné le poème de Vincent
Elle l'a lu
Elle a souri
Elle a rougi
Elle s'est mise à rayonner
Comme une divinité

Je n'ai jamais vu Vincent aussi content
Il la regardait
Comme un enfant
Aux yeux illuminés

À MONPAZIER

Je ne sais pas ce qui s'est passé…
J'étais à Monpazier
C'était la fin du marché
Le village était jaune de soleil
Il faisait chaud et sec
Je m'apprêtais à remballer
Lorsque j'ai vu
Au loin
Une femme en chaise roulante
De dos
Et un type à côté d'elle
Qui marchait en lui caressant le cou tendrement

Je ne sais pas ce qui m'a pris
J'ai trouvé ça tellement beau
Que je me suis senti mal
Je me suis senti seul

※

Hier
J'étais là-bas toute la journée
Pour le marché de Noël
Une journée froide et pluvieuse de fin novembre
Dans le prieuré gelé

Toute la journée à attendre
De vendre un livre
Ça fait une semaine que je n'ai rien vendu
Ça fait une semaine que je me pose des questions
Que je doute
Est-ce que je vais pouvoir continuer comme ça longtemps ?

Pourtant
Je rencontre des personnes fabuleuses
Une belle jeune femme
Qui me parle de Dieu et des Archanges
Avec beaucoup de tact
Mais aussi le tourneur sur bois
Qui est fier de passer sa vie à glander
Après avoir séjourné dix ans dans un désert espagnol

La nuit tombe et j'ai toujours rien vendu
Je me demande pourquoi je suis là
J'ai froid
Je suis fatigué
Je lis un livre sur la drogue

Et tout à coup
Je vois deux éclairs
Deux enfants qui courent
Dans le prieuré glacial
Ils ont raison
Ils rient sans rien respecter
Échappant à la surveillance de leur mère

Le plus jeune
Le plus fou
Va dehors sous la pluie
Et regarde en l'air
Étonné
Fasciné
Il en prend plein la gueule
Et puis il rentre et se remet à courir

Je fais remarquer à un adulte responsable
« Il aime la pluie cet enfant… »
La mère se retourne
Elle voit le petit être innocent
Trempé de la tête au pied
Sans le moindre frisson
Car il a tellement couru
Il a tellement joué
Qu'il porte en lui le soleil d'été

*

APRÈS LE MARCHÉ

Après le marché
Souvent
Je vais jouer au basket
Pour me vider la tête

Ce jour-là
Nathan est venu jouer avec moi
Nathan c'est mon voisin
On vit dans le même HLM
Il a treize ans je crois

Tout en faisant des paniers
Je lui pose des questions
Je lui demande
« L'école
Ça te fait pas trop chier ? »
Et lui il répond
« Je préfère pas me dire ça sinon c'est pire encore »

J'ai l'impression qu'on tient un philosophe
Entre deux tirs
Je lui demande
« C'est quoi ta plus grande qualité ? »
Il me répond sans réfléchir
« L'écoute »

Alors
Impressionné
Je médite sur ces paroles
Je me tais un moment

Au bout d'un certain temps de réflexion
Je lui pose une question
Qui me préoccupe ces derniers temps
« Pour toi, c'est quoi le secret de la réussite ? »
En lançant la balle en l'air
Nathan répond
« La persévérance »

PEDRO ET LE TAUREAU

Du haut des marches
Je vois Pedro derrière son stand
En train de parler à deux gamins
Pas pour leur vendre quelque chose
Mais juste pour le plaisir de raconter des histoires

Il brandit un long couteau de chasse
Il déclame avec passion
« Ça, les amis, c'est une épée
On l'utilise en Espagne
Pendant la corrida
Quand le torero se met seul en face du taureau »

Pedro me voit en train de sourire
Mais il reste imperturbable
Il tient son public en haleine
Le couteau brandi dans la main gauche
Les deux gamins n'en perdent pas une miette
Ils sont dans l'arène
Ils voient le taureau
Ils voient Pedro faire face au terrible animal

« Et là
Le torero il crie
Viens, taureau ! Venga toro ! Venga !
Le taureau fonce sur lui pour l'embrocher
Et au tout dernier moment
Tac !
Entre les deux yeux ! »
Pedro a fait le geste avec son épée
Il a fendu l'air
Il a terrassé le taureau imaginaire
À la seule force de son bras
Sous le regard ébahi des deux gamins

CHRISTIAN

Christian c'est le vendeur de bijoux
Il doit avoir dans les soixante ans
Un homme costaud et chauve
À la voix grave
C'est ce qu'on appelle un personnage
Il critique le monde entier
D'une façon hilarante
En mélangeant le langage soutenu
Et les obscénités

Mais il suffit qu'une cliente s'arrête à son stand
Et il se transforme sur-le-champ en dompteur de gazelles
Il s'approche sur la pointe des pieds
Sans effaroucher le fragile animal
Et d'une voix basse et douce
Il efface le reste du marché
Il fait entrer la cliente
Dans son royaume de glaces et de bijoux

Avec savoir-faire
Christian attache le collier au cou de la cliente
Toute son attention et sa douceur
Sertissent la gazelle
Qui repart plus belle
Plus légère

Emportant avec elle la voix mélodieuse
De Christian

Tandis que lui
Revient vers moi
Se retransforme en vieux con
Et continue de cracher effrontément
À la face du monde entier

DAVID - L'EXODE

Je n'avais jamais rencontré de manouche auparavant
Je déballe un jour au Bugue à côté de David
Il vend des crêpes
C'est quelqu'un d'extrêmement doux et sympathique
Comme le sont souvent les manouches
Car ils ont mauvaise réputation
Et donc ils doivent se défendre contre les idées reçues
En étant extrêmement prévenants et polis

David me raconte que son peuple vient du Rajasthan
Qu'ils ont été chassés de ce royaume
Il y a fort longtemps
Ils ont traversé la moitié du monde
En passant par la Mongolie
La Russie
L'Europe centrale et occidentale
Dans chaque pays
Ils ont adopté des mots
Des expressions
Ce qui fait qu'il y a dans le parler manouche
L'itinéraire de leur exode à travers deux continents

DAVID - LES PLATANES ET LES PINS

David m'a raconté qu'il a grandi dans une famille de forains
Chaque semaine il allait à l'école dans un village différent

Un autre jour on parlait des arbres
Je lui disais que j'aimais particulièrement les platanes
Qui sont pourtant des arbres très communs
Il m'a répondu
« Tu sais
Moi aussi j'aime beaucoup les platanes
Je vais t'expliquer pourquoi…
Quand j'étais enfant
À chaque fois qu'on allait dans un village
On montait les manèges sur la place principale
Il y avait souvent des platanes
Et on marquait dans les morceaux d'écorce
Nos noms et des messages d'amour »

David me parle souvent en fixant un horizon invisible
Avec un air nostalgique
Le jour où on parlait des arbres
Il m'a dit
« Moi, tu sais, pour que je sois heureux
Il me faut juste un coin d'océan
Ma famille
Mes amis
Et des pins »

⁎

AMBRE

Je déballais mon stand au Spoonfest
À Copeaux Cabana
Je parlais avec Johanna
Elle avait avec elle sa petite fille de sept
Ou huit ans
Qui m'avait l'air normale
Un peu dissipée
Avec un casque sur les oreilles pour la musique

Elle s'appelle Ambre

Je les ai revues quelque temps plus tard
Et j'ai appris qu'Ambre est atteinte d'une maladie dégénérative
Son cerveau
Lentement
Perd ses facultés
Elle émet des sons étranges
Comme une créature sous-marine perdue dans l'océan
Elle parle avec ses mains
Elle crée son propre langage
Elle frappe les choses
Elle sonde le monde en frappant
Comme une musicienne
Qui découvre un instrument
Les doigts crispés

Parfois elle roule au sol
Et se cogne le front
Pour réparer son cerveau
Avec son poing mal refermé
Et son visage prend alors une expression grave
Et son regard exprime quelque chose
De bien trop profond
Pour qu'on puisse le comprendre

Parfois elle rit follement
Et court vers le danger
Vers la rue
Vers les voitures et la mort
Comme si elle mettait au défi
Une force invisible

Une fois
En la voyant
Par politesse j'ai lancé « Salut ! »
Sa mère lui a demandé « Tu dis bonjour Ambre ? »
La petite fille n'a rien répondu
Elle ne m'a même pas regardé

Alors j'ai fait un geste de la main
Comme on salue une personne sur l'autre rive de la vie
J'ai tendu la main
Pour essayer de parler son langage
Et

Toujours sans me regarder
Elle a touché le milieu de ma paume
Avec son index

J'imagine que ça voulait dire « Salut »

LA DANSEUSE

C'était un jour d'été caniculaire
Un salon du livre catastrophique
Où personne ne venait voir les auteurs
Je n'ai rien vendu ce jour-là
Par contre
J'ai rencontré Pierre, Fabrice et Élise
Ils m'ont invité à les suivre
Ils m'ont sauvé de l'ennui

On est partis en voiture ensemble
Comme si on se connaissait depuis toujours
Élise conduisait à toute vitesse
Avec la musique au maximum
Et les fenêtres ouvertes
On est arrivés chez un type que je ne connaissais pas
Qui a une piscine

Je me disais que cette journée était incroyable
Tout était inattendu
La rencontre
La voiture
La musique
Le jardin
Les discussions
L'ombre fraîche de l'abri
Et surtout

Surtout
Élise qui dansait
Pieds nus
Au bord de la piscine

JACQUOU

Pour m'aider à vendre des livres
Pedro va voir les gens
Il les interpelle
« Vous connaissez l'ancêtre de Jacquou le Croquant ? »
Les gens le regardent bizarrement
Et Pedro reprend
Sans leur laisser le temps de répondre
Il me pointe du doigt et dit
Théâtralement
« C'est lui ! »

Comme il ne connaît pas mon prénom
Pedro m'appelle Jacquou

Il me répète souvent
« Ne m'oublie pas, Jacquou
Quand tu seras connu et que tu passeras à la télé
Ne m'oublie pas »
Je lui réponds alors
« Je leur dirai que c'est grâce à toi si j'ai réussi
Je leur dirai : Pedro m'a tout appris »

Un jour
Il est venu me voir et il m'a dit
« Ce matin, Jacquou
J'ai prié pour toi

J'ai prié le Seigneur
Je lui ai demandé de t'aider
Tu vas vendre beaucoup de livres aujourd'hui
C'est moi qui te l'dis »

Je ne sais pas si le Seigneur existe
Ou si c'est le talent de Pedro
Mais à chaque fois qu'on s'est retrouvés sur le même marché
Je m'en suis plutôt bien sorti

COURSE POURSUITE

Il m'aidait à construire ma carriole
On était dans son jardin
On discutait
Il me disait que les flics venaient de l'interroger le matin même
Je lui ai demandé pourquoi
Il m'a raconté

« J'étais au téléphone avec mon ex
Je lui disais que je souffrais
Qu'elle me manquait
Elle a répondu
'Tu vas pas encore pleurer!?'
Et elle s'est mise à rire
Et derrière elle
Son nouveau mec s'est mis à rire aussi.

Quelques jours plus tard
Je l'ai croisé en voiture ce type qui s'est moqué de moi
J'ai fait demi-tour et je l'ai poursuivi
Je lui ai rentré dedans
Je lui ai défoncé sa carrosserie
Et quand il est descendu
Je lui ai donné quelques claques
Pour lui chauffer les oreilles »

Maintenant il va passer devant le juge
Il va payer pour ses excès
Mais si c'était à refaire il le referait

Tandis qu'on bricolait ma carriole dans son jardin
J'admirais secrètement ce cinglé
Qui ne tolère pas qu'on se moque de ses larmes

MÉMÉ JOSÉPI

C'est un samedi de décembre humide
À Sarlat
Sur le marché
Une petite bonne femme débarque
Haute comme trois pommes
Habillée en K-Way
Un bonnet porté très bas sur ses lunettes
Et le dos courbé

Soudainement
Elle s'égosille
« Vous pouvez rentrer chez vous
Mémé Josépi va rafler tous les clients !
Savon !
Lessive !
Messieurs dames
Tout doit disparaître
La meilleure lessive du monde
C'est la mienne
Je l'ai faite ce matin ! »

Elle vend à la sauvette
Sur une misérable table
Des morceaux de savon
Et des bidons de lessive

Immédiatement
Deux personnes s'arrêtent
Elle discute
Argumente
Et refourgue sa came artisanale
À un prix défiant toute concurrence

« Je suis moine zen et Samouraï
C'est mon psychanalyste qui me l'a dit »
Elle prétend aussi avoir cinq amants à Sarlat
Ce soir elle va faire une improvisation théâtrale au bar le Poivre-Lune
Puis elle ira faire la fête dans je ne sais quelle boîte
Elle se met à danser en criant à tue-tête
« Mémé Josépi est là, aujourd'hui, messieurs dames !
Profitez-en, profitez-en !
La meilleure lessive du monde ! »

Il pleut sur la foule
Et ses savons fondent à vue d'œil
Elle fume clope sur clope
Et cache son vrai visage

Je lui demande
« Vous voudriez pas vendre des livres par hasard ?
Je vous donne une commission... »
Elle s'approche
S'intéresse au bouquin

Et tout d'un coup des flics passent
Elle les regarde de son œil furtif
Un œil de moine zen samouraï
Puis elle s'écrie
« Oh j'avais un amant dans la police
D'ailleurs le bleu ça a toujours été ma couleur préférée ! »
Et elle les suit en dansant
Afin de leur vendre des savons et de la lessive

LE TAPIN

Les camelots
Sur le marché
Ils disent souvent
« Trente ans que je fais le tapin
J'ai jamais vu ça
Les gens n'achètent plus rien ! »

Des fois je deviens aigri moi aussi
Je me vois
Sous la pluie
Déballer la carriole
Qui est maintenant trempée
Sous un parasol minuscule
Debout dans la rue
À faire le tapin
Affamé
Tendant des prospectus
En grelottant
En balbutiant
« Vous voulez un résumé ? »
À des gens qui n'en ont visiblement rien à foutre

Tout ça pour vendre un livre…

Parfois
C'est tellement ridicule
Que ça me fait rire
Et je me rends compte alors
Que je suis précisément à ma place
Et que c'est ça d'être libre

POUR CÉCILE

Du monde partout
Des centaines de personnes à perte de vue

Une vieille dame
Avec sa petite fille adolescente
S'arrêtent à mon stand

Je leur présente le poème
'À Monpazier'
Je ne sais pas pourquoi celui-ci
En général
Je ne le montre jamais
Parce qu'il est un peu triste

La vieille dame le lit
Au-dessus de son masque
Je vois ses yeux s'embuer
« C'est ce que j'ai vécu avec mon mari »
Me dit-elle

Tout autour de nous
La foule disparaît

Elle m'achète le livre
Je lui écris une dédicace
Pour Cécile
Merci pour l'émotion partagée
C'est la première chose qui m'a traversé l'esprit

En la lisant
Les larmes emplissent à nouveau ses yeux
« Oui
L'émotion partagée
C'est bien ça… »
Murmure-t-elle
Sa petite fille lui passe un bras autour des épaules
Et elles repartent toutes les deux
Dans le bruit et la chaleur du marché

L'AVEUGLE

Une petite femme sans âge
Marchait lentement
Au marché du Bugue
Avec sa canne
La tête pendante
Un gros nez de paysanne
Et des cheveux bruns et courts

Ses yeux étaient fixes
Ses oreilles tendues
Elle marchait lentement entre les stands
Il y avait du vent
De gros nuages gris
Qu'elle ne pouvait pas voir
Mais qu'elle sentait peut-être

Elle touchait les obstacles avec sa canne
Et se dirigeait toute seule sur la place
On l'observait tous
Elle devait nous entendre la regarder

Plusieurs fois j'ai hésité à aller la voir
Elle se débrouillait parfaitement bien toute seule
Mais le moindre geste était difficile

Son sac à main a glissé le long de son bras
Encombré par son panier de courses et sa canne
Elle s'est arrêtée pour le remettre
Tout cela prenait un temps infini

Elle a trouvé le stand qu'elle cherchait
Mais celui à qui elle voulait parler était absent

Alors elle est repartie
En sens inverse
Marchant lentement
Comme une île
Seule et mystérieuse
Et digne
Touchant le monde du bout de sa canne

LE CHIEN

Quand je me sens un peu seul
Je vais voir Le Chien
C'est le labrador marron
De mon amie Charley

Le Chien est toujours content de me voir
Il court vers moi et me fait la fête
Bondissant à droite et à gauche
Remuant la queue frénétiquement
Avec une réserve d'énergie infinie

On dirait qu'il me montre comment il faut faire pour vivre
On dirait qu'il parle
On dirait qu'il dit
« Dans la vie
Ce qui est important
C'est le comportement ! »

Bien sûr
Le Chien aime aussi manger de la merde
Mais après tout
Chacun ses goûts
Qui suis-je pour juger ?

Son regard ne ment jamais
Son regard est plein d'amour
Pour moi ou pour la merde
Ça ne fait aucune différence
Ce qui compte c'est l'engouement

LE PIANISTE

Christian est un vieil handicapé mental
Qui vit à l'Ehpad

Il a une tête à faire peur
Il fatigue tout le monde
À force de courir
Et de se marrer

Christian est l'incarnation de la frénésie

Souvent
Il vous fixe
Avec son visage terrifiant
Et parle à toute vitesse

À chaque fois que je le vois
Il me fait rire
Il court vers moi la main tendue
Pour me dire bonjour
Le regard fixe

– Y FAIT BEAU HEIN ? Y FAIT BEAU ! TU VAS OÙ ? HEIN ? ÇA VA ? ÇA VA BIEN ?
– Ça va bien, Christian. Et toi, ça va ?
– QUI ?!
– Toi, Christian, ça va ?

– HÉ, HÉ! TU VAS OÙ, HEIN? TU VAS OÙ?
– Je vais jouer du piano, tu viens avec moi?

Dans la salle
Des personnes âgées grognent
«Mais faites-le taire!»

Christian et moi
On se rend dans l'auditorium de l'Ehpad
Où il y a un vieux piano désaccordé

Comme un enfant
Il appuie sur toutes les touches
Éclatant de rire
Et puis je commence à jouer
De la main gauche
Des notes graves

Son regard s'immobilise
Je lui dis
«Appuie là!»
En indiquant les touches noires
– LÀ?
– Oui, là.
– LÀ?
– Oui.
Et il se met à jouer

Debout
En même temps que moi
Sans hésiter
Il appuie sur deux notes
Avec ses deux mains à plat
Il ne rit plus
Il grince des dents
Il frappe du pied
Et son être entier se concentre
Dans cette musique étrange
Comme si rien d'autre n'existait

PEDRO À LA GUITARE

Comme beaucoup de gitans
Pedro est évangéliste
La toute première fois où j'ai discuté avec lui
Il m'a dit que Dieu l'avait guéri d'un cancer de la gorge

Pedro a eu mille vies
L'une d'entre elles a été consacrée à la Rumba Catalane
Un dérivé du flamenco
Il jouait de la guitare et chantait à tue-tête
Sur les terrasses des restaurants de Sarlat
Il faisait des milliers de francs tous les soirs…
À l'époque…
C'était la fête…
C'était la belle vie…

Puis il a rencontré Jésus
Et il a arrêté la Rumba
Maintenant il chante surtout des cantiques évangélistes
Composés par des gitans

Un mercredi matin
J'avais ramené ma guitare
Pour l'écouter jouer
Il s'est mis à chanter les louanges du Seigneur

Et une autre voix s'est élevée
Un vendeur de matelas
À quelques mètres
Qui connaissait les paroles par cœur

Ils se sont rejoints
Ils se sont souri
Et dans le soleil resplendissant de juillet
Ils ont continué à chanter leurs cantiques
Sur Dieu et Jésus et la Vierge
Et ça mettait mal à l'aise les passants

JOKO

Je n'ai vu Joko que deux fois
Mais les deux fois m'ont marqué

Joko n'a quasiment pas connu son père
Il est parti de chez lui à dix-sept ans
Direction Saint-Raphaël
Mauvaises fréquentations
Drogues
La rue
La violence
Il a fait la manche dans le métro de Paris
Il a dealé pendant des années
Il a appris à crocheter les serrures
Mais jamais il ne s'est fait attraper

Lorsque je l'ai rencontré
Il allait se faire mettre de nouvelles dents
Car il s'était fait agresser par son ex
Une punk toxicomane
Mais il ne lui en voulait pas

Joko m'a beaucoup parlé
Sans remords
Il m'a même chanté une chanson
Dans laquelle il s'adressait à une autre ex

Lui racontant la dureté de la vie
Et la possibilité de s'en sortir

Six mois plus tard je l'ai revu
En plein été
Sur le marché de Sainte-Alvère
Il a continué à me raconter sa vie
Ses pertes de mémoire
Après avoir pris une trop grosse dose d'hallucinogène
Par accident

Je restais ébahi devant une vie aussi chaotique
Et son absence d'amertume
Il m'a alors expliqué son secret
Il m'a dit
« Souvent
On parle de spiritualité
On dit qu'il faut faire ceci ou cela
Des trucs compliqués
Mais ce qui fonctionne pour moi
C'est de marcher dans la forêt
Et de remercier
Tout ce qui m'entoure »

***

TÉLÉPATHE

Je me souviens
Au tout début
Quand je travaillais sur le stand de Vincent
Sur le marché du Buisson
Une dame est passée
Elle m'a acheté cinq livres d'un coup

C'était une femme assez grande
Et imposante
Elle parlait lentement avec un accent germanique
Son regard avait quelque chose d'étrange

Je lui ai demandé
« Vous faites quoi dans la vie ? »
Elle a hésité
Mais finalement elle m'a répondu
« Je soigne les animaux…
Par la pensée
Je rentre en dialogue avec eux
Par télépathie »

Elle m'a souri avec son air étrange
Je peux vous garantir qu'elle ne plaisantait pas

*
**

FLAMENCO

Je ne connais pas son prénom
On s'est vus plusieurs fois à Montignac
On a discuté de littérature
Il est guitariste dans un groupe de musique assez connu par ici

Un jour il a ramené sa guitare aux cordes rouges
Le marché était vide
Peu de commerçants
Peu de clients
Le ciel était bas
Des nuages gris indistincts

Il a joué du flamenco
Les notes se chevauchaient
Et rebondissaient sur la paroi de l'église blanche
Devant nous

Le rythme galopait
Se cabrait
Et perçait la grisaille
De rayons invisibles

Il y avait dans sa guitare
Quelque chose
Qui attriste le cœur
Et le réjouit en même temps

GURDJIEFF

J'ai rencontré à Lalinde
Un personnage improbable
Un homme d'une soixante-dizaine d'années
Estropié
Boiteux
Habillé de guenilles
Le visage ravagé
Des cheveux sales
Les ongles longs
Une forte odeur d'urine
Se dégageait de lui
Son nez était croûté de sang

Un homme mal en point
Très mal en point

Il m'a parlé de l'échelle de Gurdjieff
Il marmonnait des propos incompréhensibles
Et obscurs

Mais ses yeux brillaient doucement
Comme s'ils pouvaient embrasser votre âme tout entière
D'un seul regard

***

JENNY

C'était un dimanche matin
Orian le boulanger vagabond
M'a présenté Jenny
Une jeune femme avec des lunettes de soleil
Assise sur le rebord d'un magasin
Elle m'a écrit son adresse sur un morceau de papier
J'ai vu que son majeur était bizarre
Sans aucun tact
Je lui ai demandé
« Qu'est-ce qui t'est arrivé ? »

Une machine pour trier les noix
Lui a arraché le majeur
Il ne tenait plus que par un fil
Pendant des mois il a continué à saigner
Pendant des mois elle a cru qu'il ne reviendrait pas
Finalement
Après plusieurs opérations
Il a repris forme humaine

Jenny, Orian et moi
On est resté ensemble après le marché
On est allé au bord de la rivière
Parfois on parlait du doigt
Et j'avais l'impression qu'elle le considérait
Comme une personne à part entière

Discrètement
Je la regardais plonger à moitié sa main
Dans la rivière
Tous les autres doigts
S'occupaient de celui du milieu
Ils le baignaient et le soutenaient
Avec beaucoup de précautions et d'amour
Comme des frères et soeurs le feraient
Avec un enfant qui vient de naître

BERTOLUCCI

À la sortie du village
Il y a un cheval seul
Dans un enclos

Qu'il pleuve
Qu'il vente
Qu'il neige
Le cheval tourne lentement
Enfermé
Les babines au ras du sol
Grappillant quelques brindilles d'herbe

Je l'ai appelé Bertolucci
Dieu seul sait pourquoi
J'essaye de l'amadouer
En lui apportant des carottes
Et en arrachant de l'herbe par poignées

J'ai beau lui faire des offrandes
Le vieux Berto n'accepte pas les caresses
Il doit avoir une dent contre les hommes
Ce que je peux comprendre

Quand j'arrive de loin
Je crie « Bertoluuuuuucci ! »
Et il reconnaît cet appel

Il se dirige vers moi
Pour avoir sa ration de carottes
Et ses poignées d'herbes

Jamais il ne court
Il ne hennit pas non plus
Il se contente de jeter sur moi
Son regard droit et triste

Un jour de grand froid
Je me suis assis sur une pierre pour l'admirer
Il tournait comme à son habitude
Puis il s'est immobilisé au milieu de l'enclos
Il a regardé les collines
Au loin
Et…
Son sexe est entré en érection
Oui
Il s'est mis à bander
Comme seuls les chevaux savent le faire :
Noblement

Après un instant de surprise
Je me suis dit
Peut-être que c'est un cheval-poète
Et que les collines lui font penser à une croupe

Peut-être qu'il a connu une belle jument
Dans un passé lointain
Et qu'elle lui manque

Je ne sais pas pourquoi le hasard a voulu que je sois là
À cet instant
Je ne sais pas exactement quelle leçon tirer de tout cela
Tout ce que je peux dire c'est que
Pour moi
Jamais personne n'a exprimé sa solitude
Avec autant d'éloquence que Bertolucci

LE BERCAIL

Le Bercail est un ancien monastère
Converti en foyer pour adultes handicapés mentaux
J'avais proposé aux responsables
De faire une lecture
Pour m'entraîner à lire en public
Je m'attendais à ce qu'il y ait cinq ou six spectateurs

Ils étaient quarante

Quarante adultes handicapés mentaux
Assis en demi-cercle autour de moi
Pour écouter des extraits du Petit Prince

Je me suis mis au travail
Avec un peu d'angoisse

Tout le monde était suspendu à mes lèvres
Sauf une personne qui n'arrêtait pas de parler
Parce que ça la saoulait d'écouter l'histoire

C'était une ambiance extrêmement étrange
Il faisait nuit
Il y avait toutes sortes de profils
De visages
De regards
Toutes sortes de déficiences mentales

Que comprenaient-ils ?
Que ressentaient-ils ?
Je n'en avais pas la moindre idée
Mais je continuais à lire de mon mieux
Au milieu de ces quarante paires d'yeux

À la fin des extraits ils m'ont beaucoup applaudi
Ce qui m'a bien réchauffé le cœur
Sans vraiment dissiper mon angoisse

Quand le silence est revenu
Une femme handicapée m'a demandé
Avec une naïveté désarmante
« Mais comment ça se fait que vous savez lire ? »
J'ai répondu sans réfléchir
« Parce que j'ai appris »

Elle était époustouflée

Savoir lire
Apprendre
Voilà ce qui était extraordinaire – pour elle – dans toute cette soirée
Et quand on y réfléchit
C'est vrai que c'est extraordinaire

⁂

Contact
07 68 57 70 08
finoki@yahoo.fr